ANNIVERSAIRE

DE LA

RÉVOLUTION DE 1830,

PAR

JULIEN LE ROUSSEAU,

Ev. Vice-Primat de l'Église Française.

Où est l'esprit de Dieu, là est la liberté.
St. PAUL, IIe Ép. aux Corint., ch. 3, v. 17.

NANTES,

IMPRIMERIE-LIBRAIRIE DE FOREST,

QUAI DE LA FOSSE, Nº 2.

—

JUILLET 1839.

ANNIVERSAIRE

DE

LA RÉVOLUTION DE 1830.

Si je prends la parole en cette occasion solennelle ce n'est pas plus pour louer les vainqueurs de 1830, que pour récriminer contre ceux qui ont hérité de leur victoire. Les premiers, vous le savez, n'ont pas besoin d'éloges : leurs travaux sont là. Quant aux seconds, il n'entre ni dans ma pensée, ni dans mon devoir de me faire l'écho des clameurs diverses, justes ou non, qu'on élève contre eux de toutes parts. Je crois avoir quelque chose de plus digne et de plus sensé à faire, c'est de dire consciencieusement ma pensée en remontant au but réel de la révolution, et en déterminant les moyens de l'atteindre

L'homme qui a la force de s'isoler de tous les intérêts du moment, qui se retire humblement pour faire place aux concurrents nombreux de la carrière politique; qui abjure sérieusement les passions haîneuses des partis, afin de les mieux étudier, peut bien sans doute, au lieu de leurs applaudissements, encourir leurs vengeances; mais il n'en est pas moins beaucoup mieux à même de juger sainement et de parler juste, et n'aurait-il que sa seule approbation, elle lui suffit, parce qu'il sait qu'il a rendu un plus grand service que tous ceux qui flattent servilement l'orgueil des masses.

En effet, ce que l'on appelle les hommes politiques, journalistes ou autres, ont à servir les intérêts de leurs partis, à faire triompher leurs drapeaux ; ils ont aussi, le plus souvent, à faire leur propre fortune en s'élevant sur les ruines de ceux qu'ils ont vaincus. L'homme religieux doit mépriser toutes ces considérations mesquines et égoïstes, sous quelque nom qu'elles se présentent. Sans doute, comme individu, il peut avoir ses sympathies, mais il les subordonne toujours aux intérêts généraux, sans faire acception de telle ou telle classe, de tel ou tel parti. Il parle au nom de Dieu et n'a conséquemment aucune conviction à condamner, aucune proscription à faire. Son but n'est pas d'écraser ou de bannir telle opinion qui représente, quoi qu'en puissent dire les habiles, un des mille besoins de l'humanité ; mais il est de les satisfaire toutes, sans tourner follement dans l'utopie qui veut les réunir en une seule. Ceux qui nous blâmeraient en qualifiant notre tolérance de tiédeur, se déclareraient donc, par le fait, inférieurs à nous en charité, en intelligence, comme aussi en théorie de liberté, puisque nous professons sincèrement qu'il y a au fond de toutes les nuances d'opinion une pensée et un droit légitimes. C'est dans de telles dispositions d'esprit que nous nous présentons à vous aujourd'hui. Heureux si, comme nous osons l'espérer, notre voix est écoutée et notre parole comprise.

La révolution de 1830 n'a pas été faite seulement, on le sait, en haine de la branche aînée des Bourbons ; elle avait d'autres causes plus sérieuses : c'était, d'un côté, la pauvreté croissante des masses, et de l'autre, la puissance croissante aussi de la bourgeoisie. Ceux-ci poussés par l'ambition et les autres par la faim, firent alliance pour renverser un pouvoir inhabile qui méconnaissait à la fois les besoins des travailleurs et les droits de ceux qui aspiraient depuis long-temps à partager les séduisants priviléges du maniement des affaires publiques. L'irritation qui souleva la France n'avait donc au fond, pour cause déterminante, que la résistance obstinée du gouvernement à la réclamation de droits légitimes. Cette résistance imprudente et le succès du peuple, furent la sanction et la gloire des événements de Juillet. Ainsi, ne l'oublions pas, le travailleur combattait avant tout, pour garantir du pain à sa famille, et le bourgeois n'avait d'autre but que de participer à la puissance gouvernementale. Ceci était la partie positive de l'œuvre, qui correspondait aux instincts et à l'intelligence du parti libéral : la liberté, la partie poétique, qui provoquait l'enthousiasme et masquait l'intérêt, correspondait à un sentiment plus généreux qu'éclairé. Le prolétaire aidait la classe moyenne, parce qu'il en attendait plus de sollicitude et de bien-être et qu'il comptait sur des promesses qui lui étaient faites avec l'accent de la vérité et qui, en réalité, pouvaient bien être consciencieuses. Neuf années d'expérience douloureuse nous ont suffisamment démontré qu'il y avait illusion de part et d'autre; et depuis cette époque, combien d'efforts impuissants sont venus protester contre la déception !

Toutefois, cette déception ne devait être complète que pour les masses, puisque le déplacement du pouvoir avait eu lieu au profit de la classe bourgeoise. S'il nous est permis d'exposer ici notre pensée en matière de révolution, nous dirons, au risque de la voir mal traduite et même calomniée, que les événements de 1830, comme révolution purement politique, ne pouvaient pas atteindre à d'autres résultats que ceux qui ont été obtenus. En effet, qu'est-ce qu'une révolution politique accomplie ? L'action d'un parti vainqueur sur un parti vaincu. Or, comment pourrait-il se faire que le triomphe de l'un et la défaite de l'autre produisissent une satisfaction égale pour tous deux ?

N'est-ce pas purement et simplement changer les rôles ? Une révolution politique est donc impuissante à satisfaire tous les intérêts, puisqu'elle ne peut s'effectuer à l'avantage des uns sans léser les autres. Il en est de même des transformations dont la base est dans la colère et la force des masses. Ce principe, va-t-on s'écrier, est la condamnation sans appel des révolutions. Oui, si on commet la faute de les employer comme moyen d'amélioration sociale ; mais, non, si elles ne sont qu'une défense nécessaire de l'opprimé contre le tyran. D'où il résulte que les révolutions politiques ne sont que des réactions sanglantes, des vengeances exercées par les plus forts ; mais jamais des acheminements progressifs de bonheur pour les peuples. Sans doute, la nation qu'on avilit et qu'on foule audacieusement a bien le droit de briser le joug odieux qui pèse sur elle : ce n'en est pas moins guérir un mal par un remède trop onéreux et trop violent, et qui expose toujours celui qui en fait usage ; car le peuple, loin d'échanger son sang contre une position plus douce, ne fait souvent qu'aggraver ses misères.

Le désir du peuple en 1830 était légitime. Son instinct le guidait vers le but véritable ; mais, privé de lumières suffisantes, et obligé malheureusement de s'en rapporter aux beaux parleurs, il s'est vu cruellement frustré dans ses espérances. L'homme de bon sens qui se trouve lésé par un voisin cupide ou par l'absence d'une mesure d'intérêt public, sent bien tout ce qu'il faudrait dire et faire pour rendre ses droits évidents et gagner sa cause ; mais, sans habitude des affaires, il est forcé de se reposer sur les soins d'un avocat, qui, tout en se vendant fort cher, perd encore le plus souvent son procès. Le peuple se trouve dans une situation analogue à celle de cet homme.

Il paie au poids de l'or de beaux discours , de brillants commentaires sur la charte et la moralité du budjet , dont tout le résultat est de lui démontrer qu'un impôt mal réparti est le plus grand des bienfaits. Toutes ces belles phrases n'ont pas toujours sans doute , auprès de lui , un plein succès : le positif, c'est qu'il faut payer. Dans la droiture de sa raison inculte , le peuple allait certainement tout autre part que dans l'impasse où on l'a perfidement acculé. Il avait instinctivement pressenti des garanties de travail , de paix , d'ordre et de bien-être ; en un mot , il avait rationnellement conçu un but à sa manifestation. Sa protestation énergique contre le désordre ancien était bien évidemment la réclamation d'un état de choses supérieur. Si ses désirs étaient vagues dans leur expression , rien n'était plus précis et plus positif que ses droits et ses souffrances. Au lieu de paroles dorées , cadencées harmonieusement , il fallait donc des actes intelligents ; il fallait réfléchir sur les causes des graves événements qui venaient de s'accomplir , et cette seule opération de l'esprit amenait directement à la juste appréciation du but et à la détermination facile des moyens.

~Puisque le mal-aise , bien plus encore que les vexations et l'incurie du pouvoir , fut la cause déterminante du soulèvement de la nation , le but de ce soulèvement était donc d'augmenter le bien-être , de l'étendre à toutes les classes indistinctement. Ainsi , la question politique faisait place à une question purement industrielle et sociale. Les droits politiques dont , sous la restauration comme aujourd'hui , retentissaient la presse et les tribunes , ne furent qu'un prétexte dont le peuple sut habilement profiter ; mais , en réalité , ce qu'il désirait tout d'abord , c'était un travail plus lucratif et moins lourd. C'était si bien alors sa

pensée intime, que depuis neuf années les émeutes sanglantes qui se sont promenées comme un orage terrible
sur la France, n'ont pas eu d'autre véhicule. Et ici on
reconnaît que le gros bon sens du peuple vaut mieux, à
tout prendre, que la noble éloquence de ses plus zélés
défenseurs. En effet, que m'importe, à moi, le droit de
penser, de parler, d'élire, et tous les droits et toutes les
libertés du monde, si je meurs de faim et si je ne puis
me garantir du froid? Vous voulez que je me contente du
titre glorieux de citoyen libre ? Mais la liberté fait mine
bien pitoyable sous la misère et les haillons ! Vous m'assurez
que tout ira bien si je puis prendre part à la direction
des affaires du pays : mais, la part que vous me réservez
dans la souveraineté nationale, m'enrichira-t-elle, ou au
moins me garantira-t-elle l'emploi de mon activité, du
travail enfin ? Que ferais-je de vos droits politiques, si les
ateliers me sont fermés, ou si le salaire va diminuant
toujours ? Toutes vos brillantes promesses et vos garanties
de liberté sont donc chimériques et décevantes, si vous
ne pouvez même pas m'assurer la chose la plus essentielle,
mon droit le plus imprescriptible, la vie.

Ainsi, la Révolution, comme explosion d'un progrès
humanitaire comprimé, avait pour but d'améliorer intégrale-
ment le sort de toutes les classes, et non pas seulement
d'assurer, aux uns, quelques droits stériles, et aux autres,
quelques féconds priviléges. Nous allons nous convaincre
maintenant que si ce but a été compris, on n'a pas su
employer les moyens de l'atteindre.

Le pouvoir sorti des barricades fumantes de la nation
victorieuse, mérite-il les reproches qu'on lui fait d'être
timide, aveugle, ou armé d'un invincible mauvais vouloir?
C'est ce que nous ne déciderons pas : nous n'avons personne

à justifier. Nous nous contenterons de dire que ceux qui
l'attaquent ne sont pas toujours eux-mêmes exempts de
reproches ; et nous devons ajouter que les publicistes les
plus sages commencent à reconnaître enfin que le mal
est aussi ailleurs que dans les hommes qui gouvernent,
et que la véritable solution du problême social est dans la
réorganisation de la commune. [1] L'action des plus grandes
réputations et des plus belles popularités, n'a donc été
nulle, en s'approchant du centre gouvernemental, que
parce que les premiers corps politiques constitués dans
l'État, font fausse route. Cette position difficile que tous
les esprits reconnaissent, mais dont fort peu savent pénétrer
la cause réelle, est ce qui oblige, d'un côté, le pouvoir
à s'embastiller, à s'armer avec effroi contre la fermentation
désordonnée des idées, et de l'autre, les cerveaux ardents,
dont les efforts sont maladroitement comprimés, à conspirer
dans l'ombre si favorable au fanatisme. Proscrire les idées
par la force, chercher à les anéantir sous la mitraille, c'est
atteindre l'opposé du but qu'on se propose. La pensée est un
ressort dont l'énergie s'accroît en raison de la compression.
« Sans doute, ce n'est pas sans quelque effroi instinctif
» qu'on imagine le libre et public déploiement de toutes les
» passions et de toutes les pensées bonnes et mauvaises ;
» sans doute il faut être bien convaincu de la gravité du
» péril, avoir une conscience bien profonde de la sûreté
» du remède pour donner ce conseil héroïque d'une liberté
» sans limite, au moment où les imaginations, en haut
» comme en bas, roulent dans un cahos si confus et si
» tumultueux ; mais la liberté n'est-elle pas la mère de la
» conscience, et ne voit-on pas que beaucoup qui se

(1) Revue du progrès.

» précipitent vers la nouveauté, juste ou non, uniquement
» parce qu'elle est proscrite, libres de toute contrainte,
» se sentiront retenus par une responsabilité intime et par
» l'instinct de leur liberté même ? » [1]

Réduire la politique à des discussions puériles et ridicules, à des modifications insignifiantes qui font mieux ressortir le vice organique fondamental, à ce qu'on appelle un *cabinet parlementaire*, c'est se voiler les yeux de l'esprit pour ne pas apercevoir les choses vitales. « Enrégimenter
» des bras et des votes, sans souci du progrès et de la
» cohésion des idées, voilà la politique du monde officiel
» aussi bien qu'extrà-officiel ; de principes qui prennent
» racine dans la conscience populaire, qui unissent les
» esprits dans une même religion d'équité, personne ne
» s'en soucie. Chacun déclare que la force aux mains de
» ses ennemis est une violence inique, mais chacun se
» réserve de l'employer au service de sa propre cause le
» jour où il lui sera permis de la saisir. Et quand tous
» les partis, je dis tous sans exception, vivent sur cette
» féroce absurdité, on s'étonne que des individualités
» désordonnées, malheureuses sans doute, recourent à
» la force ! On les maudit, parce qu'elles sont vaincues,
» et on les frappe triomphalement sous les yeux de ce
» pays énervé par tant de funestes spectacles. » [2]

Parmi les diverses nuances d'opinion, nous ne trouvons que bien rarement quelques erreurs de l'intelligence des remèdes à opposer aux maux de la société. Ce qui, avant tout, préoccupe les partis, c'est d'arriver à gouverner selon

(1) Extrait d'une lettre de M. Anselme PETETIN, publiée dans *le Siècle*, du 17 Juin.

(2) *Idem.*

leurs théories particulières ; d'imposer leurs idées , leurs
principes comme lois exclusives de salut. Chacun d'eux se
croit ou affecte de se croire seul digne et capable de sauver
la patrie ; mais, fouillez au fond de ces prétentions ambi-
tieuses , de ces dévouements héroïques , et vous n'y rencon-
trez , le plus souvent, que du vague , une soif inextinguible
de domination et de l'égoïsme artistement déguisé. Ainsi ,
l'opposition modérée avec ses craintes , ses hésitations , ses
demi-mesures , ses principes confus et incohérents , ne sait
pas faire usage de son immense influence , de la magie de
sa popularité , et protéger tout ce qui pourrait , dans les
différentes branches , concourir puissamment aux progrès.
Sa direction est vicieuse et anarchique ; elle se borne à
faire de la diplomatie courtoise , ayant le plus grand soin
de ménager toutes les petites susceptibilités , de respecter
tous les petits caprices des petites puissances du moment.
Il est vrai qu'elle a besoin de contraster la trop fougueuse
faconde de la presse qui se dit radicale. Celle - ci , pour
être plus franche , quelquefois plus logique , toujours plus
hardie , comprend-elle mieux le but et les moyens ? A quoi
aboutit cette allure farouche qu'elle se donne ? A semer
la terreur dans les esprits calmes , à faire naître la frénésie
dans ceux qui sont exaltés , et à redoubler les défiances
déjà trop grandes peut-être du pouvoir. Armée d'un dédain
stupide contre tout ce qui ne rentre pas dans le domaine
de ses idées dissolvantes et révolutionnaires , on la voit
attaquer follement , sans les connaître , les doctrines qui
se refusent à servir ses passions brutales et égoïstes.
Prêchant à-la-fois des théories de violence et de liberté ,
et rendant bon témoignage par sa conduite , aux inconsé-
quences de sa doctrine , elle demande pour elle l'abolition
de la censure et attaque lâchement ceux qu'elle sait sans

moyens de défense. Elle veut tout juger, et s'irrite de rencontrer des juges. Elle se dit avec amphase l'amie et la protectrice du peuple, et elle ne veut pas que ce peuple ait une religion pour se consoler et un Dieu pour espérer. Ces hommes de liberté n'ont pas de place pour Dieu dans leur république. Ils ne veulent pas d'autel, si ce n'est celui de la patrie qui n'est pour eux qu'une immense sinécure au milieu du globe. Cicéron voulait que les premiers devoirs fussent aux Dieux immortels : nos immortels du jour érigent la patrie en divinité unique, parce qu'ils comptent sur le profit des sacrifices. La liberté, je le déclare, n'est pas là ; car ces hommes étouffent le sentiment le plus profond au cœur de l'homme, et ont peur du Dieu de l'amour et de la justice.

Très-peu d'hommes, dans les différents partis qui se disputent la France, ont su, comme on le voit, distinguer le but humanitaire et y marcher directement. On peut même affirmer que les esprits les plus loyaux et les plus distingués n'ont encore que des pressentiments assez vagues sur ce qui doit s'opérer dans un avenir prochain. Le problème est à peine posé. Ainsi, depuis 1830, que de paroles perdues, que d'efforts vains, que de ressources inutilement dissipées, que de progrès dans le mal ! Si ceux qui ont ainsi ballotté la nation, trop confiante dans les discours, avaient été vraiment animés de l'amour du bien public, ils auraient abrégé des épreuves bien rudes et se seraient épargné une tache bien honteuse.

Si ces aveux nous ont été pénibles à faire, il doit être bien consolant pour nous de signaler une tendance qui, malgré sa haute importance, a presque été sans effet sur nos publicistes. Nous voulons parler de la révolution religieuse qui s'opère dans l'esprit des peuples. Déjà, depuis long - temps , les organisations les plus fortes gravitaient autour du principe religieux. M. de Châteaubriand, le comte de Maistre, St-Martin , M. de la Mennais, subissant , ou plutôt devançant le mouvement général , s'étaient élancés dans une carrière que le dix-huitième siècle semblait avoir fermée par le ridicule. L'auteur des soirées de St-Péters-bourg avait dit prévisionnellement : « Nous marchons avec » une rapidité qui doit frapper tous les observateurs de » bonne foi , vers un événement immense dans l'ordre » religieux. » Depuis lui , St-Simon , les Templiers , les Unitaires [1] et plusieurs autres , tentaient de favoriser l'élan du sentiment religieux , égaré dans le doute , mais impérissable dans les cœurs. Nous n'avons pas besoin de rappeler ici les efforts que nous avons faits et les obstacles ou l'indifférence que nous avons rencontrés partout, chez l'autorité comme chez les partis. Ces faits prouvent invin-ciblement , et nous aimons à le faire remarquer , que nous n'avons vraiment arboré aucune bannière politique. Certaine-ment, pour un siècle raisonnable et réfléchi , cette tendance irrésistible de tous les grands cœurs et des intelligences d'élite vers le principe religieux, ou l'unité divine, aurait eu un caractère bien significatif : notre siècle vantard et étourdi y fit à peine attention. Toutes ces généreuses ten-tatives furent considérées , par nos penseurs politiques , comme une impuissante réaction , comme les convulsions de la religion expirante , ou bien encore comme les rejetons épars de la racine luxuriante de l'arbre de la liberté. Ne peut-on pas , à la vue d'un si pitoyable aveuglement, s'écrier avec St-Paul : « Où est le sage , où est le scribe,

(1) Nous avons placé les novi-Jérusalémites , les Templiers , les Unitaires à côté de St-Simon , parce que ces communions ont fait récemment de louables efforts pour propager leurs principes.

» où est le docteur profond de ce siècle ! Dieu n'a-t-il
» pas fait voir que la sagesse de ce monde n'était qu'une
» folie ? »

Quoiqu'en puissent penser et dire ceux qui se flattent orgueilleusement de faire l'opinion, les véritables hommes de progrès se sont rencontrés dans les rangs des réformateurs religieux et des socialistes. S'ils n'ont pas tous su découvrir les principes fixes et générateurs de la vraie science, au moins sont-ils tous partis d'une base incontestable, Dieu, ses attributs et l'immortalité de l'âme. En rétablissant Dieu dans le monde, c'était évidemment aussi y rétablir la justice, l'ordre et la vérité; c'était aussi faire descendre la tolérance et la charité dans les procédés d'amélioration. Le problème n'a donc été bien posé, que par les hommes religieux et ceux d'entre les socialistes qui ont admis en principe l'universalité de la providence et l'inépuisable fécondité de l'amour infini. Ces hommes-là ne sont pas venus exciter, au sein des nations, les haînes et les ambitions, les terreurs et les sentiments égoïstes : ils ont enseigné que la munificence divine était universelle et intarissable et qu'elle avait pourvu au bonheur de tous les hommes, selon leur mérite et leurs vertus. Si nos docteurs politiques avaient eu le courage et la bonne foi d'avouer (car ils le savent) [1] que la religion de l'amour et de l'évidence est l'institution par excellence, le fondement solide et durable sur lequel doit être assise l'institution politique, ils auraient provoqué des recherches qui eussent assurément amené d'autres résultats que le déchaînement des mauvaises passions et des guerres civiles ; ils auraient compris que l'homme,

----

(1.) M. Odilon-Barrot est convenu dans la discussion sur l'Orient que le sentiment national n'est qu'un des éléments du sentiment religieux (Siècle, 3 Juillet 1839).

comme membre solidaire de la grande famille, doit avoir Dieu pour science première et pour parti, l'humanité. Cela aurait-il bien valu une lutte d'idées confuses, extravagantes le plus souvent, et qui ne peut avoir d'autre conséquence que des égorgements, des emprisonnements et des proscriptions.

Après avoir attentivement étudié Dieu dans ses œuvres, avoir bien reconnu ses procédés, ses moyens, ses méthodes dans l'ordre admirable de la création, qu'il ne rend mystérieuse que pour ceux qui ne veulent pas la pénétrer, qui, *possédant la clé de la science, refusent d'y entrer*, il fallait appliquer immédiatement cette science divine à l'organisation sociale, et alors on aurait été dans le vrai, on serait sorti de ce monde de mensonges, de fraudes, de vices et de malheurs, pour entrer triomphalement dans un monde supérieur, dans un paradis. Eh bien ! cette science sublime, dont nos plus illustres savans n'ont pas même su s'approcher, mais que les théosophes pressentaient dans leurs inspirations d'en haut, cette science est découverte maintenant. Les voiles mystérieux qui enveloppaient le secret des harmonies sociales, ont été soulevés. Dieu, par un nouveau prodige de son amour, se révèle à la terre qui peut savourer à longs traits les espérances et les consolations du ciel. Ah ! seront désormais comblés les désirs du pauvre et du riche, du puissant et de l'infirme, du malade et de l'homme sain. Seront aussi, dans l'avenir, également satisfaits l'ordre et la liberté : l'ordre, cette unique garantie des favoris de la fortune, qui sentent qu'ils ont le droit de conserver la vie telle qu'elle leur a été faite. La liberté, cette idole chérie de tous les nobles cœurs, de toutes les grandes âmes, cette liberté que l'on préfère à la vie, parce qu'elle est un sentiment immortel, divin ; cette liberté, la doctrine de salut la donne plus complette et plus belle que nous n'aurions osé l'imaginer dans nos rêves les plus énivrants! mais elle nous assure aussi une sainte et intelligente égalité, jusqu'à ce qu'il nous soit donné de nous distinguer de la foule et de nous élever par nos talents, notre génie, nos vertus : *il y a plusieurs demeures dans la maison de notre père.* Enfin, disposant les hommes de manière à ce qu'ils soient tous rattachés par un bonheur commun, elle ne fait plus de la fraternité humaine une obligation gênante, un devoir souvent impraticable : elle la laisse, en toute liberté, s'établir au sein de l'humanité. Oh ! ceux qui auront le courage de chercher et qui trouveront indubitablement le trésor, pourront-ils s'empêcher de bénir la religion et de glorifier Dieu !